Коляди церковні

Колядки, Щедрівки
і
Желаня

ЗІБРАВ: о. М. КІНАШ.

Ціна примірника ✻ центів.

Передрук застерігаєть ся.
Накладом Друкарні при Сирітськім Домі
у Філядельфії, Па.

СЛОВО ДО КОЛЯДНИКІВ.

Празник Рождества Христового обходить український нарід велично і весело, колядуючи та співаючи, як то вже наші люди до співаня завсїгди охочі. Задержало ся також много старосьвіцьких звичаїв і обичаїв у українськім народї, з дїдів і прадїдів ще, от як на примір щедрівки, пісні про Маланку, пісни водохрестні і таке иньше. З тих давних часів перейшли до нас і ті наші прекрасні коляди та щедрівки, що їх тут спорe число передаємо українській молодїжи до любої уподоби. Нехай весело та радісно загомонить українська давна наша коляда на чужинї, за морем, нехай старим і молодим пригадає нашу рідну сторононьку, нехай звеселить ся серце старих гадкою про молоді лїта під родинною стріхою, а молодїж нехай пошанує старі звичаї, бо се дорога памятка для кождого Українця.

Уже тому 1923 лїт, як то по довгій, многотисячній темноті в родї людскім, появило ся велике сьвітло, велика ясна звізда над вертепом в місточку Вифлеємі, і Ангели возвістили людям словами: Слава во вишних Богу і на земли мир во человіцїх благоволеніє, що настає новий час, де люди по правдї будуть Бога небесного прославляти. Уже тому 1923 лїт, як тоє чудо стало ся, як там в тій благословенній ночи Ісус Христос межи бідними пастирями в звичайній стайни на сьвіт родив ся від Пречистої Дїви. До тої памятки ми приготовляємо ся постом. для тої памятки ми обходимо Сьвятий Вечер. Прекрасне і премиле то сьвято! в углах хат ставить ґазда сніп пшеницї, жита або й иньшого збіжа! на хатї розстелений дїдух, то є мерва — солома, на стіл приносить запопадлива ґаздиня овочі, ріжні страви і нашу кутю в память солодкої науки Того, котрого Рождество обходим.

Вся родина прибрана в сьвяточну одїж, перепостивши щиро цїлий день, засїдає до спільного стола. На столї пахнюще сїно, на земли дїдух, в углах снопи, — то щось такого, що Українець без того не може собі представити Сьвятого Вечера. Позасїдали до вечері, і перша кутя, або по просту пшиниця з медом кружит доокола стола, кождий кушає, та коли споживають тую кутю, то по старосьвітському звичаю кидають її на стелю бо з того ворожили собі наші предки, чи буде добрий рік на мід? Відтак мама — господиня приносить страву за стравою, ріжного рода пироги, тай ті голубці наші старосьвітські, а челядина пильно рахує, чи далеко ще до дванайцять — бо аж тілько страв ставили наші діди — прадїди на Съвятий Вечер. По вечері подякувавши Богу за єго дари, дїти колядують, старші собі балакають, або потягають за молодшими. Другого і третого дня ходять старші й молодші братчики церковні з колядою по селї. Ходити з колядою, се не так легко, як кому ся видить. Бо не тілько, що провідник має бути чоловік розумний, тверезий, чесний і поважний, але й таких колядників до себе дібрати, аби не лиш були добрі співаки, але й чесні леґінї, котрих цїла громада любить і поважає. А як прийдуть колядники під хату, то провідник питаєть ся, чи дома люди та чи приймуть коляду? Як скажуть, що приймуть, тодї колядують але поважно, без поквапу, не так як за напасть, бо се зневага. Коляда лиш раз у рік, тому треба колядувати пристойно і з повагою. А як запросять в хату, тоді проводир витає і вінчує господаря, господиню і всїх притомних. Найду-щеж має коляда піяньства вистерігати ся, щоб не статись посьміховищем і бридом для всїх чесних людий.

Не треба також забувати, що занадто довга коляда не тілько колядників мучить, але й господаря нудить. А краса не стоїть у тім, чи коляда довга, але чи вона ладна, для того-ж то і спів колядників не буде кращий від того, що буде гукливий і крикливий, але від того, як буде милий і приємний. Длятого, о українські ви колядники, не забудьте на вашу честь, а наших праотцїв славу!

СЬВЯТИЙ ВЕЧІР У ВДОВИЦЇ.

Вже вечеріє. Нарід чекає, коли зірниця перша засіяє. Тодї засяде батько родини і зерном кутї до стелї кине. Усї свобідні, усї веселі.

Мами страву всяку ладнають, господар вносить дїда до хати, а малї дїти глядять в віконце. От і за хмари скрило ся сонце, чим раз темнїє — вже вечеріє!

В однїй хатинї лишень, чому? — Сказати навіть тяженько. Бо в тій хатї живе вдовиця сама одинока як ся билина, сумна, тревожна і блїдолиця. Бідна! Одного мала лишень сина; одного мала, щиро плекала і ось недавно його поховала. Розпука серця її хватає, вона бідна плаче й тужить, а вже найбільше в нинїшнїй днинї дуже сумненько в біднїй хатинї. Ось заспівали десь під дверима:

»У Вифлеємі нині новина, Пречиста Діва зродила Сина!« А вдова знов очі в слезах скупала: Діва зродила — я поховала! І заридала і руки склала і на коліна в болю припала. І немов бачить сьвіта Надію, як спочиває Во на сїнї; видить яскиню, а при Дитинї видить Пречисту Дїву Марію. А така радість з Неї сіяє, такий спокій на лици виднїє, що сьвятий Йосиф з дива нїміє. Бідна вдовиця тямить тую годину, коли до грудий тулила свою маленьку дитину, котру до гробу щойно зложила. О Мати, Мати, Пречиста Мати! Ліпше було-би мені вмирати, як сю єдину, мою, дитину на віки класти в домовину. Ти ся днесь тїшиш і повиваєш своє Дитятко, а забуваєш, що й я мати і мушу страдати. Нараз у хатї так ясно стало, наче-би сонце засіяло. Глядить вдовиця, чи се їй снить ся; на стїнї образ в блесках мінить ся. На нїм Пречиста мечем пробита стоїть над тілом свого Сина, котрого людська злоба убила. Вже з хреста знятий Спаситель сьвіта а Матер Божа наче питає: Чи є де горе, як моє горе? Вдовиця в серцю голос почула: Ти слїз пролила цїле вже море, а серед смутку свого забула, що Божа Мати за всїх страдала, а прецїнь біль свій на Бога здала. І ти ся хочеш з Нею рівнати? Блеск погасає а вдова не знає, що з нею ся діє? Нараз спізнала і ницьприпала і Бога щиро вмоляє: Прости, о Боже! Щом согрішила і Твою волю судити сьміла. Ти дав і взяв, і знав, для чого призвав до себе Ти сина мого; прости, о Боже, мій гріх розпуки! А Ти Пречиста, Мати Христова, що на біль найтяжший Ти все готова, будь Твоя воля. Нинї я зі зболїлої груди голошу: Честь Твого Сина най вічна буде; я біль свій в жертві Ему приношу! За вікном чути коляди звуки: »Пречиста Дїва зродила Сина.« Вдова до неба підносить руки; честь Тобі, Мати єдина!...«

ПІСНЯ 1.

Бог предвічний народив ся!
2. Прийшов днесь со небес,
Аби вздрів люд свой весь
    І утішив ся

В Вифлеємі народив ся
2. Мессія, Христос наш
І Пан наш; для всїх нас
    Нам народив ся.

Ознаймив то Ангел Божій:
2 Наперед пастирям,
А вчера звіздарям
    І земним звірям.

Діва Сина як породила,
2. Звізда ста, где Христа
Невіста Пречиста
    Сина зродила.

Тріє цари йдуть со дари
2. До Вифлеєм міста,
Где Діва Пречиста
    Сина повила.

Звізда ім ся обявила:
2 В дорозї о Бозї,
При волї, при ослї;
    Ім ознаймила.

Тріє цари, где ідете?
2. Ідемо в Вифлеєм
Віншуєм спокоєм
    І повернем ся.

Иньшим путем повернули,
2. Погану безвстидну,
Безбожну Ірода
    Не повиділи.

Іосифу Ангел мовить:
2. З Дитятком і з Матков
З бидлятком, з ослятком
    Най ся хоронить.

«Слава Богу!» заспіваймо;
2. Честь Сину Божому
Яко й Пану нашому
    Поклон отдаймо.

ПІСНЯ 2.

Возвеселїм ся всї купно нинї:
Христос родив ся в нищой яскинї!
    2. Послїдним віком,
      Став чоловіком
Всї утїшайтесь на земли.

Всї утїшайтесь на земли гойно,
Хвалу воздайте Єму пристойно,
   2. Пожаданному
    З неба данному,
Который весь сьвіт откупив.

Который весь сьвіт спасе от ада,
Чрез Него вічна всїм нам отрада,
   2. За тоє Єму,
    Пану нашему,
Пісни співаймо согласно.

Пісни співаймо, согласно, мило,
І торжествуймо всї купно, щиро;
   2. Слава во вишних,
    А мир для нижних
Весело сьвіту гласїмо.

Сьвіту гласімо Господа явно,
О котором вже пророки давно
    2. Пророкували,
      Проповідали,
Що ся народить Цар віков.

Що ся народить Цар віков слави,
Зітре на земли вся злия глави,
    2. Перскії цари
      Прийшли со дари,
Поклон отдати смиренно.

Поклон отдати смиренно нині,
Христу рожденну, малой Дитині:
    2. Ливан і злато,
      І смирну на то,
Яко кадило, со страхом.

І пастиріє со страхом бігли
Там где віл, осел, Дитину гріли;
2. Ангели в небі,
В Єго потребі
Умильно пісни співають.

Пісни співають Нарожденному
Во яслах нині положенному;
2. І ми співаймо
І вихваляймо
Єго на віки славімо.

Щоб дав нам тут довго прожити
Царствія Єго всїм доступити;
2. Покори враги
Всїм нам под ноги,
Дай нам во мирі прожити.

ПІСНЯ 3.

Дар нині пребогатий от небес прийде,
2. Яко капля каплющая на землю снийде.

Во утробу Дївичу Слово всели ся,
2. Із Нея же Невидимий міру яви ся.

Бог от Дїви плотію днесь ся раждаєть
2. Темность прейде, ясність зрячна, всюди

Яко небо второє вертеп яви ся,
2. Коль во яслах убогих Бог возложи ся.

Ангельскії всї хори там ся зближають
2. На облаках веселії пісни співають.

Слава во вишних Богу ізволившему ,
2. Даровати, ниспослати мир міру всему.

А Пастирі на свирілах пісни голосять,
2. Тріє цари тріє дари Богу приносять.

Ливан, смирну, злато в дар принесоша,
2. Рожденному, безсмертному в руці дадоша.

Ми же всї вірнії дар принесїмо:
2. Чистім серцем Отця з Сином слезно молїмо.

Даби нам ниспослали Духа сьвятаго,
2. В видїнії голубіном нисходящаго.

ПІСНЯ 4.

Дивная новина: нинї Дїва Сина
2. Породила в Вифлеємі, Марія єдина!

Не в царской палатї, но между бидляти,
2. Во пустини, во яскинї, а треба всїм знати

Що то Бога іста, Марія Пречиста
2. І раждаєть, і питаєть Єго, як невіста.

На руках тримає, так Єму співає
2. Всемогущим Створителем Єго називає.

Мовить: люляй Сину, будь со мною вину
2. Коли взяв Ти, мене собі за Матір єдину.

О, необиймений! О недостижений
2. Спиш Ти довго, рости скоро, Младенче блаженний.

Я в Тобі надію, Любимий імію:
2. Где сам будеш, мене возьмеш, Божий Добродію!

Скажи Правосуде, де хто з вірних буде?
2. Да со мною пред Тобою стануть всії люди:

Тебі ся молити, і Тебе просити,
2. Даби-сь дав нам в Твоїм царстві, во вік віков жити

ПІСНЯ 5.

Ликуючи возиграймо днесь!
Явилась нам благодать з небес.
    2. Христос народив ся з Марії
    Непорочной, Чистой Лелії,
    Во мирі для нас. — 2.

Йосифе, з нами торжествуй;
Ти Давиде купно празденствуй
    2. Се бо для нас Гость пожаданний,
    Емануіл з неба посланний,
    По пророчеству. — 2.

От востока поспішающе
Во Вифлеєм припадающе;
    2. Злато, ливан і смирну дари
    Персидскії приносять цари
    Рожденному Царю. — 2.

Во вертепі єсть положенний,
Младенець Бог, з Дїви рожденний,
   2. Пастиріє поклон отдають,
    На свирілах пісни глашають
   Єму умильно. — 2.

І ми Єму хвалу воздаймо,
Рожденному, пісн҄ заспіваймо,
   2. Щоб ізволив нам даровати:
    Со Ангели сопрославляти
   Єго на віки — 2.

ПІСНЯ 6.

Небо і земля нинї ликовствуєть,
Пророческий лик купно торжествуєть:
   2. Христос родив ся,
    В пелени повив ся,

З давна пожаданий
От Пречистой Панни
  В яслах положений.

Вифлеєм місто весело грає,
Пророческую надежду витає;
  2. Ясли поміщають,
    Царіє витають,
    Пастиріє грають
  Красну піснь співають
    Ангели з небеси.

«Слава во вишних»! Ангели співають
Покой на земли нам днесь повідають:
  2. Ірод засмутив ся,
    Що Цар народив ся,
    Суєтное царство

І всяке моцарство
  Єго упраздни ся.

От небес звізда прекрасно сіяєть,
В Вифлеєм путь правий из-являєть
  2. Персидскії цари
    Спішать ся со дари
    Смиренно отдають,
    Пред Ним упадають
      Яко Царем своїм.

Пастиріє там весело іграють,
Преславноє всїм чудо повідають;
  2. Що Христос во плоти
    Лежить между скоти,
    В пелени повитий,
    Хотяй ізбавити,
      Вірующих во Него.

Роди ся Творець всея твари нині,
Цар над всїх царей в убогой яскині!
   2. Знають навіть сіе
    Бидлята німії,
   Коліна скланяють,
   Честь Єму отдають
     Яко Творцу своєму.

Чистая Діва на руці приймає,
Яко младенца сосцами питає;
   2. О прикрасний Цьвіте,
   Очес моїх сьвіте,
   Сине невсїянний,
   Но з неба посланний
     Чрез Духа сьвятаго.

Йосиф старець услуги сповняє,
Яко Дитятку пісни приспіває.

2. Люляй же малоє,
Дитя предрагоє,
На потїху всему
Міру погибшему
   З небесе данноє.

І ми весело пісни засьпіваймо,
Нарожденного Царя привитаймо
   2. Дабисьмо   в вірі
   І в глубоком мирі
   На земли пожили,
   А в небі узріли
      Сьвіт Божества Єго!

ПІСНЯ 7.

Небо і земля, 2. нинї торжествують.
Ангели, люди 2. весело празднують;
2. Христос роди ся, Бог воплоти ся,
Ангели співають, царіє витають,
Поклон отдають, пастиріє грають,
    Чудо, чудо! повідають.

Во Вифлеємі 2. весела новина:
Чистая Дїва 2. породила Сина!
Х. Р. Б. В. А. С. Ц. В. П. О. П. Г. Ч. Ч.

Слово Отчеє 2. взяло на Ся тїло;
В темностях земних 2. сонце засьвітило.
Х. Р. Б. В. А. С. Ц. В. П. О. П. Г. Ч. Ч. П.

Тріє царіє 2. от восток прийдоша,
Ливан і смирну 2. злато принесоша.
Х. Р. Б. В. А. С. Ц. В. П. О. П. Г. Ч. Ч. П.

Царю і Богу 2. тоє офірують,
Пастиріє всїм 2. людем вещ сказують.
Х. Р. Б. В. А. С. Ц. В. П. О. П. Г. Ч. Ч. П.

І ми рожденну 2. Богу поклон даймо;
«Слава во вишних» 2. Єму заспіваймо.
Х. Р. Б. В. А. С. П. Ц. В. П. О. П. Г. Ч. Ч

ПІСНЯ 8.

На небі зірка ясна засіяла
І любим сьвітом сіяє,
Хвиля спасеня нам завитала,
Бог в Вифлеємі раждаєсь.
    Щоб землю з небом в одно злучити:
    2. Христос роди ся: Славіте!

В біднім вертепі, в яслах на сїнї
Спочив Владика, Цар сьвіта,
Отож до Него спішім всї нинї
Нашого жде Він привіта.
    Спішім любови тхом Го огріти:
    2. Христос роди ся: Славіте!

Благослови нас, Дитятко Боже,
Дари нас нинї любвою.,
Най цїла сила пекла не зможе

Нас розділити з Тобою.
    Благослови нас, ми-ж Твої діти,
2. Христос роди ся: Славіте!

ПІСНЯ 9.

Новая радость сьвіту ся з-явила:
    2. Пречиста Діва Сина породила!

Во Вифлеємі місті вельми рано,
    2. Витати Пана пастирям казано.

Звізда услугу тую одправляла,
    2. Царей персидських к Нему провождала.

Принесли Єму ливан, миро, злато,
    2. Взяли заплату небесную за то.

Ірод злосливий з того засмутив ся
    2. Що Цар предвічний на сьвіт народиеся

Казав жовнїрам по всюду шукати
    2. В пень отрочата дволїтні стинати.

Йосиф старець Марію поймає
    2. І до Єгипту з Христом убігає.

Нехай же Ірод вічно погибає
    2. Наш Цар рожденний, всїх нас утїшає.

Ми нинї о Нем гойно веселїм ся
    2. Рождеству Єго низько поклонїм ся

Би нам ізволив щасливий вік дати
    2. А по смерти з Ним в небі царствувати.

ПІСНЯ 10.

Нова радість стала, яка не бивала:
Над вертепом звізда ясна, сьвітло возсіяла.

Де Христос родив ся. з Діви воплотив ся,
   2. Як чоловік пеленами убого повив ся.

Ангели співають, славу восклицають,
   2. На небеси і на земли покой возглашають.

Давид виграває, в гусли ударяє,
   2. Мельодійно і предивно Бога вихваляє.

І ми тож співаймо, Христа прославляймо,
   2. Із Марії рожденного смиренно благаймо.

Просимо Тя, Царю, небесний Владарю,
  2. Даруй літа щасливії сему господарю.

В мірі проводити, Тебі угодити
  2. Із Тобою в Твоїм царстві во вік віков жити.

ПІСНЯ 11.

Нині Адаме возвесели ся!
Єво прамати от слез отри ся!
  На которого ви ждали
  І з тоскою ожидали;
  2. Нині з Діви пред-ізбранной
  В Вифлеємі малом домі
Родив ся, явив ся.
Єму цари несуть дари,
Злато щиро, ливан, миро,
    От восток — рек Пророк!

Вси Патріярси і вси Пророци,
Лик Бого-Отець, з ними отроци,
    Торжествуйте — купно весь сьвіте!
    Ти уступай ветхій Завіте!
2. Новий з неба, Єго треба,
Било давно, нині явно
Настає, Бог дає.
Коль з Емпиру, в радость міру,
Отець Сина нам єдина.
    Ниспослав, дарував.

»Слава во вишних«! Духи співають
Же Бог родив ся, — нам оглашають,
    Которого Новорожденна,
    І во яслах положенна,
2. Звізда ясна і прекрасна
Озаряє, научає:
Що то Пан з неба дан!

А у яслах віл і осел,
Як стояли гнет познали
  Всїх рода — Господа!

Витай малоє, витай Дитятко!
Златорунноє з неба Ягнятко!
  Пастирїє так повідали,
  Як со дари Єго витали,
  2. Кладуть булку і гомулку,
  А до того масла много,
  І ягня пред Дитя!
  Потом грали во кимвали,
  Во свирїли і сопіли,
  Співали, плясали.

Ликуймо і ми, ликуймо цїло,
Що Бог на себе взяв людськоє тїло,
  Щоб до неба нас запровадив,

І при троні Своїм посадив;
2. За то Богу славу многу
Со Ангели, Архангели
Співаймо, воздаймо,
За ті дари от всей твари,
Щоби хвала не устала:
Божеству, рождеству.

ПІСНЯ 12.

Бог натуру 2. хотяй ізбавити, посадити во Сіоні на троні,
Сам смири ся, приобщи ся нам во всем і по всем пребиваєть Бог.
2. Тайна多нога! — невидима ма! ма! ма!
   Діва Сина — на! на! на!
     Повивай і питай
     Сосци своїми.

Слава наша 2. лежить днесь на сїнї во яскинї, Отець, Мати
    со бидляти,
Торжествуймо і ликуймо: Бог Агнець і Юнець всїм
    пожаданий!
2. Радість многа! Музикія: ра! ра! ра!
    Свиріл красна: тра! тра! тра!
      Малому вічному,
      Рожденну Царю.

Нинї сили 2. дають славу Богу по премногу, явно славно
    віщають.
Вся стихія надземния глашають, слушають, Творця своєго.
2. Поють пісни торжественно: га! га! га!
    І преславно — ля! ля! ля!
      Возносять глас пресьвят
      »Слава во вишних!«

Страшають ся 2. слишаще язици, вся єлици яко тако прилично.
Царя віком, человіков Младенца, Первенца і Содїтеля.
2. Честь отдають со тимпани; гу! гу! гу!
    І орґани: ру! ру! ру!
        Свой привіт знаменит,
        Єму под ноги!

Да чудять ся 2. коль єсть сила многа в плоти Бога?
        Скудно, трудно ізречи:
Кто возможеть і поможеть ко чести принести Ємануїла:
2. Дари благі, со пастирми: па! па! па!
    І со царми: да! да! да!
        Так Тебі єсть требі
        Богу во вертепі.

Єму служать: 2. сонце, луна, зорі, вишні гори, ясно красно
        сіяють,
Сотворенні, утвердженні во хвалу немалу Творцу своєму.

2. Веселять ся голубищі: ох! ох! ох!
   Інні птиці: тьох! тьох! тьох!
      Радость всїм і мир тїм.
      На многа лїта.

Вся соборні 2. славять: царей трони і корони, цїлі сили
      земния,
Пожеланно і ізбранно торжество: Рождество небеси Царя!
2. Ударяймо во кимвали: дзень! дзень! дзень!
   І в бряцали: брень! брень! брень!
      На весь сьвіт, висше лїт:
      Слава Рожденну!

ПІСНЯ 13.

Ангел пастирям мовив:
Христос ся нам народив
  2. В Вифлеємі місточку убогім

1 во роді Давидовім
Із Дїви Марії!

О дивноє Рождество
Великоє торжество;
2. Почала Дїва Сина в чистости,
Породила в радости,
З дївствія своєго.

Пастиріє увірили,
До Нього поспішили,
2. З охотою мило Єму співали
Дитя в яслах витали,
З Йосифом Марію.

Уже ся то сповнило,
Що у пророка било;
2. Розга Аарона зацвила,

Цьвіток з себе видала,
  І овоч зродила.

Слухайте Бога Отця,
Неба і земли Творця:
  2. Ото Син милїйший мій коханий,
    Сьвіту з неба післаний
      Того послушайте!

Буди Богу, честь, хвала,
Буди Єму і слава,
  2. Яко Отцю, так і Єго Синови,
    І сьвятому Духови,
      В Тройци єдиному.

ПІСНЯ 14.

Согласно співайте, Ісуса витайте!
2. Се бо Бог істинний, нас ради рожденний!

Весело поскачте і більше не плачте,
2. Най Ісус младенець, пійде з нами в танець.

От небес посланий, із Пречистой Панни,
2. Син Божій во плоти, плачеть между скоти.

І спішно грядїте, в около станїте,
2. І в труби заграйте, со Ангели співайте!

Радуйся Маріє! От восток царіє
2. Со звіздою приходять, дари Єму приносять.

Злато, ливан, смирну, Младенцу нескверну,
2. Яко Царю віку, Бого-Чоловіку.

Тепер вже безпечно, най іде конечно
2. Громада пастушков во Вифлеєм Юдов.

Да поють прекрасно, весело, согласно.
2. Стефан бас тримає, а Іван заграє.

Михаіл «дишканта» а Гринько за «альта»
2. Макарій «тенора», — най ідуть до двора!

Прийшовши заграйте, коляду отдайте,
2. Малоє Дитятко, чей прийме ягнятко.

Обачив Гарасим, що то є Божій Син,
2. І скочив по струни, сівши на два коні.

Призове Никиту: Хочеш в небі бити,
2. Зачинай трубіти, буде Бог платити.

Марія Пречиста, родила нам Христа,
2. Пустила до шопи, цїловати стопи.

Христос ся умилив, до себе припустив,
2. Царство нам дарує, где сам все царствує.

ПІСНЯ 15.

В яслах лежить, хто-ж поспішить співати маленькому
Ісус Христу, Богу істу Новорожденному?
Пастиріє прибігайте, Єму мило пригравайте,
      Яко Пану нашому.

Сьвятий Йосиф, в руках носить пелени Маленькому
«Люляй, люляй!» приспівує Новонарожденному.
Віл і осел приклякають, паров Єго огрівають,
      Створителя своєго.

Зібрали ся, кланяли ся Дитятку маленькому,
Гріє цари, несуть дари Новонарожденному.
А звізда їх проводжає, над вертепом присьвічає,
      Где Дитя в яслах лежить.

І Ангели, Архангели, Єго хвалу глашають
Голосами і трубами в небі всї приграють,
Над вертепом в Вифлеємі, в Давидовім лихім домі,
    Слава Богу! взивають.

Людіє со патріярси, всї ся днесь утїшають,
І отроци со пророци согласно воспівають;
Сонце, місяць со звіздами, і ти Єво со Адамом
    Нинї возвеселїть ся.

І ви гори, і ви холми, всї ся днесь возиграйте,
І всї птицї і пернати, радосно возлїтайте,
Бо ізволив народитись, із Пречистой воплотитись,
    Присно Дїви Марії.

І ми нинї всї вірнії, всї ся днесь утїшаймо,
Рожденному, бесмертному низко ся покланяймо,
Которому честь і хвала, і на віки віков слава!
    От всїх нас буди! Амінь.

ПІСНЯ 16.

Бог ся раждає, хтож Го може знати?
Ісус Му імя, Марія Му мати.
   Тут Ангели чудять ся,
   Рожденного боять ся,
    А віл стоїть трясеть ся,
   Осел смутно пасеть ся,
   Пастиріе клячуть,
   В плоти Бога бачуть,
Тутже, тутже, тутже, тутже тут!

Марія Му мати, красно Му співає!
І хор Ангельскій Єй допомагає,
   Тут Ангели чудять ся,
   Рожденного боять ся — і прч.

Йосиф старець колише Дитятко,
Люляйже люляй, мале Отрочатко,
    Тут Ангели чудять ся,
    Рожденного боять ся — і прч.

Тріє царіє ко вертепу прийдоша,
Ливан і смирну, злато принесоша,
    Тут Ангели чудять ся,
    Рожденного боять ся — і прч.

А пастиріє к Нему прибігають,
І яко Царя своєго витають,
    Тут Ангели чудять ся,
    Рожденного боять ся — і прч.

І ми днесь вірно к Нему прибігаймо,
Рожденному Богу, хвалу, честь отдаймо,
    Тут Ангели чудять ся,
    Рожденного боять ся — і прч.

ПІСНЯ 17.

Предвічний родив ся пред літи,
Хотячи землю просьвітити,
    2. Да нас от тьми возведе
    І ко сьвіту приведе
      Заблудших.

Новоє літо зачинає,
Новий Цар царя низлагає.
    2. Убого ся народив,
    Богатого засмутив
      Ірода!

Як Сина породила Панна,
Падає в Єфезї Діянна,
    2. Познай Бога храмино,
    Весели ся дружино,
      Христова.

Привикай Діво повивати!
Не престань, старче пильнувати
    2. Содїтеля своєго!
      Знають Царя нашого
        Бидлята.

Повнота місячная била,
Як Діва Сина породила,
    2. Цїлую ніч сьвітити,
      Волю Єго повнити
        Мусїла.

А зьвізда побудила царей
Спішити к вертепу со дари:
    2. Витали пастиріє,
      По сем прийшли царіє
        К Царю всїх.

Ірода лжива оставили,
Іншим ся путем возвратили,
    2. Радують ся неложно,
    Що ходили не прожно
      В дорогу.

А Ірод з того засмутив ся,
Що Христос Господь народив ся,
    2. Казав Єго шукати,
    По всїй земли питати,
      Для зради.

Іродіяне всї смутять ся,
В Єгиптї боввани крушать ся,
    2. Ангел во снї сказує
    Що ся Ірод готує
      На Христа.

Пойми же Йосифе Панну,
В Єгипет твори стезю странну
  2. Даже врази погибнуть
  І кончину восприймуть,
   Буди так!

Іроду не уподобім ся
Вірниї! Христу поклонїм ся,
  2. Би нас от гріхів заховав
  Своє царство дарував,
   На віки.

ПІСНЯ. 18

Радость ся нам з-являє, Дїва Сина раждає
Небеса, небеса, небеса поють, поють 2.
 Ангели ся удивляють,
 Пастириє поклон дають,
  Нарожденному.

Йосифе старенькій, плаче Ісус маленькій
Помагай, помагай, помагай Єго, Єго 2.
    Чистой Діві колисати,
    І піснь Єму заспівати,
       Люляй Пане наш.

Убого ся народив, богатого засмутив:
Ірода, Ірода, Ірода, злого, злого. 2.
    Он бо діти забиває,
    Христа убити шукає,
       Нарожденного.

О Іроде безумний, чомусь так мало умний?
Невідий, невідий, невідий, того, того. 2.
    Що Христос ту вічно жіє
    Нам благодать свою дає,
       Ти вічно згинеш.

Тріє цари со дари, Христу, поклон отдали
Рожденну, рожденну, рожденну, Богу, Богу. 2.
    На цїлий сьвіт славу дали,
    Христа в яслах повитали
      В оном вертепі.

І ми Єго привитаймо, враз Єму заспіваймо:
Люляйже, люляйже, люляйже Пане, Пане 2.
    Дай нам в мирі всїм прожити,
    Во вік віков Тя хвалити,
      Нарожденного.

ПІСНЯ 19.

Спи, Ісусе, спи, спатоньки ходи!
Я Тебе му колисати,
Пісоньками присипляти:
    Люлї, серденько, люлї.

Спи, Лелійко, спи, головку склони.
Ту на рученьки Марії,
Бач Вона Тебе леліє:
    Люлї, серденько, люлї.

Спи, Убогий, спи, рученьки зложи!
Йосифа, що лиш не видати,
Несе хлїбця Тобі дати:
    Люлї, серденько, люлї!

Спи Терпіне, спи, очка зажмури!
Не питай, що колись буде,
Що зготовлять хрест Ти люди…
    Люлї серденько, люлї.

Спи Зірничко, спи, сни про небо сни!
Слава Богу в вишних буди,
Мир на земли, благо людем!
    Люлї серденько, люлї.

Спи, Ісусе, спи, Серце вітвори,
Най при Ньому спочиваю
Ту на земли і там в раю
    Люлї, серденько, люлї!

ПІСНЯ 20.

Радуйте ся вси людіє,
Радость нам з неба спадає,
  2. Веселая нам новина
    Породила Дїва Сина,
Марія, Марія, Марія.

Зступив до нас з високости,
Щоби міг нас всїх тут спасти:
  2. Веселая нам і. т. д.

Прийшли к Нему тріє цари,
Поклон дають, кладуть дари,
   2. Веселая нам і. т. д.

Ливан, смирну, також злато,
З ріжних країв, в дар принято,
   2. Веселая нам і. т. д.

Пастиріє дають хвалу,
Прийми від нас Христе Царю!
   2. Веселая нам і. т. д.

Єму даймо ми сумлінє,
Дасть нам гріхів одпущенє:
   2. Веселая нам і т. д.

Сьвяту Тройцю визнаваймо,
Богу честь, хвалу отдаймо,
   2. Веселая нам і. т. д.

Аллилуя заспіваймо,
Дїву чисту вихваляймо,
 2. Веселая нам і. т. д.

Аллилуя, Аллилуя,
Радуй ся, Дїво Марія!
 2. Веселая нам і. т. д.

ПІСНЯ 21.

Христос роди ся, Бог воплоти ся
Во Вифлеємской яскинї,
В стайни убогій, нищетї многій,
Велія радость всїм нинї!
 2. Ангели співають, честь Єму отдають
 Богу і Творцю своєму.
 Ликуй чоловіче, з рождества того!
 Христос бо от ада спасе душ много
  І от работи вражія.

Марія чиста родивши Христа,
В яслах восклони на сїнї,
Недоуміє, що ся то діє?
Бог вомістив ся в яскинї.
   2. Пелени готує, пересладко цїлує
     Возлюбленного Младенца.
     Кіим Ти образом во мнї вмісти ся?
     В дївствї без болїзни, Чадо роди ся?
       Радосте моя безмірна!

Йосиф сїє воплощеніє
Видя предивний хранитель,
В нищом образї, на остром мразї
Як люто страждеть Створитель.
   2. От зимна схраняє, бидлята зближає,
     Да огрівають дишуще,
Бидлята же волю єго слушають,
   Купно на колїна ниць припадають
     Творця пізнавши своєго.

Пастирям вісти тії возвісти
Ангели стрегущим стад в ночи,
Тімже утішно в Вифлеєм спішно
Біжать, як тілько возмога.
  2. Умильно взирають, дарунки отдають
    Якії мали Владиці.
    Радуй ся Пастирю з неба посланий,
    Убогім вертепі нам показаний,
      Заблудших ради пришедий,

Страннії цари ідуть со дари,
От восток к Вифлеєму,
Ливан і злато і смирну на то
Уготовані суть Єму,
  2. Тамо ся зближають, Ірода питають:
    Где єсть рождей ся Цар слави?
    Звізда бо нам ясна Того явила,

Єго же Пречиста Діва повила,
Пожаданного Месію.

Скоро предсташа, дари воздаша
І честь с поклоном Цареви.
Богу Вишному, Всемогучому!
Всея твари Господеви.
   2. Ангел ся показав, во сні путь їм сказав,
Во страну свою от-іти.
   Радують ся вельми з посольства сего
Яко обрітоша Царя своєго
     Ірода лжива отвергли!

Ми вірующи і Христа чтущи,
Согласно пісни співаймо,
Со веселієм і смиренієм
Славу і поклон отдаймо.
   2. Радость всім велія, бо Сина Марія

Чистая Діва породи:
Породи всякія твари Первенца,
Істиннаго Бога, бивша Младенца,
  Во спасеніе всїх вірних.

ПІСНЯ 22.

Херувими сьвят!
  Архангели зрять
Чуд невидимий, днесь є славимий,
Ах, ах, зїло вельми тїло удивиши ся.
  2. Прийдїм, прийдїм до шопи,
  Узрим Бога во плоти,
  І Матїр Єго сьвятую
  Дїву Марію чистую
Которая Сина свого повиває,
  В ясла вкладає.

Не умістивий —
Весь здї містив ся!
З утроби Дїви Христос роди ся!
О глубина! всїх розума невідома,
2. Витай Пане і Царю,
Витай наш Спасителю,
Витай скарбе предрагий
Никогда не перебраний
О радости! о сладости! Спас явив ся
Нам днесь родвися.

Предвічний Боже,
Щож Ти учинив?
Що в яслах скотских низько ся склонив,
Ах, ах, Пане, най ся стане воля Твоя!
2. Днесь Ангели Му служать, —

А віл з ослом там дрожать,
Пізнали Бога воплоти,
Хотяй німії скоти,
На коліна упадають, Творцю своєму
　　Хвалу отдають.

І также звізда
Йде пред цари,
Котрі несуть великі дари:
Злато, смирну, ливан дивно Пану своєму:
2. Познали Найвисшого
　Спаса, Царя свого,
　І так веселиша ся,
　До Ірода царя більше
　Не повернуша ся.
　В страни своя возвратиша ся.

Глядаєть Ірод,
Як писа ся:
В которій страні Христос раждал ся?
Вопрошаєть, призиваєть книжники своя.
2. Они Єму ріша:
В Вифлеємі роди ся!
⎧В той час страшно закричав,
⎨Власи свої поторгав
Убити Христа рожденна скоро ся
        Наготовав!

Кушаше ся
Ірод безума:
Шле войско своє до Вифлеєма!
Ідіть, убийте, кров пролийте всїх дїтий малих!
2. Десять тисяч чотири
   Дїтий малих убили:
   Невинних немовляток

Ревно плачущих маток,
Кров невинну проливають,
Яко воду во Вифлееми...

О Вифлееме,
Ти днесь не сумуй,
І ти, Рахиле, благодушествуй!
Не плач мати, в небо взяті діти твої!
2. Царствувати там будуть
І о смутку забудуть,
Ублагають вам Христа,
І от сего рождества
Бисте слези свої ревні утолили
І в небі били.

І волх Валаам
Так пророкував:

Убити Христа Ірод не достав;
Він царствує, обітує, в небі бути;
2. Тілько ми ся згаджаймо,
　Щиро Єго благаймо,
　Щоб нам гріхи отпустив,
　Мук пекольних ізбавив,
І дарував вся благая на земли жити
　　І в небі бити.

ПІСНЯ 23.

Виді Бог, виді Сотворитель, що весь мір погибає,
Архангела Гавриїла в Назарет посилає,
　2. Возвістити тайну йому:
　Бог приходить к Вифлеєму,
　　О красний град Вифлеєма,
　　Сей отверзе нам Єдема.

Незаходимоє сонце мало нам возсіяти
От Діви, і тьму язиков невіря розігнати
   2. Звізда тоє возвістила
   Царям чужим путь явила,
     От Персиди тріє цари
     Ідуть ко Христу со дари.

Ливан, смирну, злато дари Христу принесоша,
І принесши во храмину, на коліна падоша;
   2. Ірод вельми засмутив ся,
   Що Христос Цар народив ся,
     Слуги своя посилає
     На смерть Єго осуджає.

Чотирнайцять тисяч дітий малих убити
Повелів, навіть своєго сина не пощадити!
   2. Немовлята убиває;

Но сам вельми ся ругає;
    Праведнії, як фініки,
    Процвитають во віки.

Рахиль твоїх чад ізбитих престани плакати;
Ах, як маю перестати я печальная мати?
  2. Ірод чада убиває
  Во мні серце омліває,
    Серце болить а я мати
    Як не маю я ридати?...

Не плач, не плач, о Рахиле, і не ридай о нинї,
Не розноси смутних гласов по глубокой пустинї;
  2. Сини твої з Христом жиють,
  В небі вічно веселїють.
    Кто ся на Бога надїє
    Род той не оскудїє.

Ірод убо і люципер з собою вікують
Тріє цари обрітшії Христа, з Ним царствують.
2. Немовлята убієнні,
Вінцем слави украшенні
Ми всі з того веселїм ся,
Христови поклонїм ся!

ПІСНЯ 24.

Вселенная весели ся,
Бог от Діви днесь роди ся.
2. Во вертепі со бидляти,
Которому ся кланяти,
Царіє, царіє приходять.

Ливан, миро, злато, дари
Где принесли тріє цари
2. Новорожденну Цареви

Вселенния Господеви
Отдають, отдають умильно.

Пастиріє прибігають
Со свирілми поклон дають,
2. Познавши Бога рожденна,
От Марії воплощенна,
Чистия, чистия Дївиці.

Іосифе не смути ся,
Веселіє днесь роди ся!
2. Сей плод тебі будеть в радость
І веселіє во сладость
От нинї, от нинї, до віка.

Там Ангели приницають
«Слава во вишних» глашають,
2. Рожденному Отрочати

Поспішають ся кланяти.
Во яслах, во яслах, лежащу.

Пастиріям уподобім ся,
Рожденному поклонїм ся,
2. Щоб ізволив мир нам дати,
   Скорби в радость преміняти,
   Віруючим, віруючим во Него.

ПІСНЯ 25

Веселая сьвіту новина:
Бо Діва породила Сина!
   З неба ангельскії гласи,
   Славять Бога во всї часи:
   Сьвят, сьвят, сьвят Господь! взивають,
   Творця сьвіта величають,
   2. Убогії пастиріє,

Славять Бога — і німії
Бидлятка, ниць на коліна
Падуть, ораз вся звірина.

Іосиф ся днесь радує,
На руках Бога пістує,
І Діва ся утїшає,
Сіном Христа покриває,
Віл і осел загрівають
Поклон Єму свій отдають.
2. Сіно краще як лелїя,
На немже Бога, Марія,
Всему сьвіту породила
Мір з неволї свободила.

Везуть дари монархове;
Питають: де чудо нове?
Де Дитина спочиває?

Звізду Єго кождий знає;
Звізда тая от восходу
Веде царей ко Господу.
2. О чудесне Бога діло!
Прїйми миро і кадило
В руці Христе, прийми злато,
А нас благослови за то.

Ірод лютий тоє чує,
Вирок дає, декретує:
Най Дитина человіча,
Згине от острого меча,
Бо ся має народити,
Що без конца буде жити.
2. От персей діти стинає,
Жадному не пробачає
Матери гірко ридають
На смерть дітий поглядають!

Вифлееме, ти негоден.
Ото Син Єдинороден
    До Єгипта утїкає,
    Мати к собі притуляє,
    Старець осла поганяє,
    Ангел перестерігає,
2. О Іроде! лютий пане,
По твоєму ся не стане,
Бо Христос Цар всего сьвіта,
Буде жити по вся літа!

Славім Бога безсмертнаго,
Що ся родив для нас наго,
    І Матер Єго сьвятую,
    Марію Дїву чистую,
    Що на сьвіт Царя видала,
    Да будет Їй честь і хвала!
2. Тобі приносим пісню щиру:

Благослови всему міру,
І нам грішним глаголоющим.
Во вік віка Тя поющим.

ПІСНЯ 25.

Весела сьвіту новина нинї
Христос родив ся в яслах на сїнї
  2. Він Цар небесний, Бог необнятий,
Спочив в вертепі поміж бидляти.

До Него — сьвіт весь вкрив ся тьмою,
Він сьвітла радість приніс з собою
  2. До Него — цар був пан над рабами,
Він всїх на рівнї назвав братами.

За сьвітлом зорі до стіп Дитяти
Спішім і ми днесь поклін отдати;
2. У жертві серця несїм невинні
І мольби щирі отсї дитинні:

Милий Ісусе, о Божий Сину
Глянь оком ласки на — Україну;
2. Здіймі з нас грішних вражди окови
А серця жаром загрій любови!

ПІСНЯ 27.

Во Вифлеємі нинї новина.
Пречиста Дїва зродила Сина;
2. В яслах сповитий поміж бидляти
Спочив на сїнї Бог необнятий.

Вже Херувими славу співають,
Ангельскії хори Пана витають,
2. Пастир убогий несе, що може,
Щоб подарити Дитятко Боже.

А ясна зоря сьвіту голосить:
Месія радість, щастє приносить!
2. До Вифлеема спішіть всї нинї,
Бога звитайте в бідной дитинї!

За сьвітлом зірки, десь аж зі всходу,
Ідуть три Владики княжого року,
2. Золото, дари, кадило, миро
Враз з серцем щирим несуть в офіру.

Марія Мати Сина леліє,
Йосиф старенький пелену гріє,
2. А Цар всесьвіта в зимні і болю
Благословить нам лутшую долю.

Ісусе милий, ми не богаті,
Золота дарів не можем дати,
2. Но дар ціннійший несем від мира,
Се віра серця, се любов щира.

Глянь оком щирим, о Божій Сину,
На вкраїнську землю, вкраїнську родину,
2. Зійшли їй з неба дар превеликий,
Щоб Тя славила на вічні віки.

ПІСНЯ 28.

Син Божій от Отця з неба знисходить,
Ото ся з Марії Христос днесь, родить!
    2. Ласку приносить,
    Хто о ню просить,
    Грішнику прощає
    І очищає:

О Боже! неізслїдімий,
Всегда славимий!

О преславноє чудо! що-ж то ся стало?
Христос на Себе приняв грішноє тїло!
    2. Дїва носила,
    Дїва зродила,
    Єго повиває
    І полагає
В яслах на сїнї
В темной яскинн.

Ангели сьпівають во вишних Богу,
І во вертепі творять Єго волю,
    2. Пастирїє грають,
    Христа витають,
    А віл боїть ся
    Осел трясеть ся,

Волхви Царя витали
Як Го пізнали.

А Ірод лютий з того смутив ся,
Що Цар предвічний на сьвіт родив ся:
2. Діти стинати!
Кров проливати!
Матери ридають,
На смерть взирають.
На Христа зраду криє,
І меч готує.

Йосиф старець Марію поймає
І до Єгипта з Христом уступає.
2. Марія тулить,
Дитя голубить,
Ангел пильнує
Дорогу всказує.

А Ірод іде на віки,
В пекольнії муки!

Іроде безумний вічно погибай!
Ти Царю рожденний всїх нас утїшай!
    2. Ти наш учитель,
      Ти наша радость
      І всяка сладость!
Благословенія Своєго
    Дай нам премного!

Тїм ко вертепу всї поспішаймо!
Нарожденному враз заспіваймо,
    2. Со пастирми заграймо,
      В гусли ударяймо,
        І возвеселїм ся,
        Со царми поклонїм ся!
    Би нам дав прожити,
    І в небі бити.

ПІСНЯ 29.

Ходить Господь по раю,
З Адамом бесїдує:
    «Адаме!»
Все в раю є твоє,
Лиш овочу одного
Їсти запрещаю!»

Змій все то в корчи чуєть
І от Єви requires requested — requires
    «О Єво!
Коли в раю все твоє,
Чом з овочу одного
Рвати не пробуєш»?

«Много в раю єсть плодів,
Їх Господь не боронить

Зривати,
Лиш з одного запретив,
Прійде вічний Божій гнїв
І раю утрата.»

«Ей нестрахай ся Єво,
Вкуси овоч от древа,
    Увидиш:
Тайни сьвіта цїлого,
Будеш мудрійша Бога
    З супругом Адамом!»

Овоч Єва вкусила
І мужа побудила,
    О горе!
Господь в раю явив ся
Адам пред Богом скрив ся
    Він нагій і голий...

А Бог строгій судія:
Закон легкій дав вам Я,
   Адаме!
Мою сьвятую волю
Ти переступив з женою,
   Прійде вам кара»!

Прародителї з раю
Пішли — їх щасливість вся
   Страчена
Ангел з мечем огненним
Стеріг возврат вигнаним
   Во двер райскую.

Народив ся Божій Син,
Ізбавитель наш єдин
   От кари,

З Богом нас примирає,
Двер райску отвирає
      Новонарожденний!

ПІСНЯ 30.

На рождество Христа всї ми веселі,
Восклицають хвалу в небі Ангели,
  2. Радость велія нам яви ся
    Спас бо міра народи ся
Із Духа Сьвятого, з Пречистой Дїви.

В Вифлеємі містї, в убогой стайнї,
Отроча рожденне лежить на сїнї,
    Йосиф старець Го голубить
    А Марія к сосцам тулить
Віл со ослом хухають і огрівають.

Небеса обняли ясностев землю,
Пастиріє зляклись межи собою,
   Чудують ся що ся діє!
   Чи свитає, чи не дніє!
Явленія сего не розуміли.

Як тілько Ангельскій хор услішали,
До Вифлеєм міста всї ся удали.
   В яслах Христа привитали,
   На колїнах поклякали
І отдали дари, Цареви слави.

От восток царіє тріє прийдоша,
Злато, ливан, смирну Христу отдаша,
   Трони корони складають
   Царю міра воспівають:
Слава во вишних Богу! Славо во віки.

І ми велегласно враз заспіваймо,
Нарожденну Пану дари складаймо;
   Душі, серця, совість чисту,
    В жертву Спасу, Богу істу;
І молїм усердно Дїву Пречисту.

Би Мессія людські гріхи очистив,
Гіркі слези нинї нам осолодив.
   Благо, мирно тут гостити,
    Со Сьвятими потом бити,
Во горном Сіонї, — на віки Аминь!

ПІСНЯ 31.

(На нуту: «Вселенная весели ся.»)

Христос нам днесь народив ся,
З Пречистої воплотив ся,

2. Всего сьвіта Сотворитель,
   Рода людского Спаситель,
      В Вифлеємі, в Вифлеємі Юдейскім.

Тоски, слези минули ся
І всї журби забули ся,
   2. Бо стер главу змієву,
      Христос з дому Давидову,
         Рождеством, рождеством своїм.

Серце Ірода сумуєть
І на Царя ся готуєть!
   2. Каже дїти витинати,
      Христа повсюду шукати,
         Трем волхвам, трем волхвам от восток.

О Іроде безчувственний,
Кровію ненасичений!

2. Мечем твоїм проклял-єсь ся,
В страшні муки втрутил-єсь ся,
    На віки, на віки в геєнну!

Ти Рахиле не смути ся,
От слез твоїх утули ся!
 2. Діти твої в небі жіють,
  Христу Спасу воспівають,
    Со Ангели, со Ангели сьвятими.

I ми со Давидом заграймо,
Всі в кимвали ударяймо,
 2. Рожденному несїм дари,
  Небесному Царю слави,
    Чистії, чистії, серця.

О Маріє Заступнице,
Ти небесная Царице.

2. Моли всегда Рожденного,
Твого Сина Предвічного,
О нас, о нас слуг твоїх.

Би ізволив мир нам дати,
Волю Єго виповняти,
2. Многа літа всїм прожити,
Во вік віков Го хвалити
Во царстві, во царстві небєсном.

ПІСНЯ 32.

Що за радість на сьвітї ся стала,
Яковая перед тим не бивала:
Сьвят Бог народив ся
В сей день, і повив ся
Во яслах.

Тріє цари од восток прибили,
Рожденному дари предложили.
    Сьвят Бог народив ся
    В сей день, і повив ся
        Во яслах.

Ти Давиде бий в гусли весело,
Що ся тоє ісполнило слово.
    Сьвят Бог і. т. д.

Херувими на престолі зряще,
Серафими окрест предстояще.
    Сьвят Бог і. т. д.

Ірод з того засмутив ся,
Що Бог з Діви на сьвіт народив ся.
    Сьвят Бог і. т. д.

Казав дїти малії стинати,
Рожденного в вертепі шукати.
    Сьвят Бог і. т. д.

Що Ірод безумний дїлаєш,
Що за Христом в вертепі, шукаєш?
    Сьвят Бог і. т. д.

Нехай твоє безумство пропадає,
Рожденного імя най сіяє.
    Сьвят Бог і. т. д.

Даж нам в мирі житє скончати,
Рожденного всегда вихваляти.
    Сьвят Бог народив ся
    В сей день, і повив ся
        Во яслах.

ПІСНЯ 33.

Стала нам ся новина,
Породила Діва Сина
   Діва Сина повиває
   І піснь Єму приспіває
      Люляй, Сину мій.

Ангел Божий ознаймил то,
Пастирям в поли возвістил то,
   І во сні їм повідає:
   Діва Сина повиває
      Во Вифлеємі.

Ходімо спішно Царя витати,
Принесім Му дари свої складати.

На коліна упадають,
Христа Царя упрошають,
На своя дари.

Ірод злосливий засмутив ся,
Що цар новий народив ся.
Там йди до той шопи,
Где бивали Єго стопи,
Би-сь му поклон дав.

А скоро Ірод тоє услишав,
По своє войско остро наказав.
Десять тисяч і чотири
Малих дітей на смерть вбили,
Христа не знайшли.

Ой ти Іроде, то зле-сь учинив,
На щось так много дїтий погубив?

Волїв ся єсь неродити,
Нїж так Бога образити,
    Нарожденного.

Малї младенци в небі сіяють,
Із Богом ся утїшають:
  А Ірод злий погибає,
  Вічнї муки познаває
    В пеклї на віки.

Ходїмо спішно Царя витати!
Ходїмо Єму поклон отдати!
  Дасть нам в небі царствовати.
  Імя Єго вихваляти
    На віки. Амінь.

II. ЧАСТЬ,

КОЛЯДКИ І ЩЕДРІВКИ ЩИРО НАРОДНІ,

УВАГА ДЛЯ КОЛЯДНИКІВ,

Кромі коляд церковних, є ще самородні колядки народні, такі що їх в церкві не слїд співати. Український нарід витворив собі споре число своїх, сказати-б домашних колядок, з укладом і напівом на взір церковних, які переходячи з уст до уст задержали ся з ріжними змінами до сегодня. По відспіваню поважної, церковної коляди, часто господар запрошує миле товариство на гостину, а запрошені на почесне колядники, звичайно при такім принятю пописують ся колядками своїми веселими, жартобливими. Та хотяй ті народні колядки є смішні, але вони не грішні, і тому не зашкодить вложити їх до »Кантички.«

Колядники, відспівавши коляду, співають честь і благожеланя всему дому; а є щей такі народні коляди, що співають ся в честь одної особи, на примір: сьвященика, господаря, господині, парубка, дівчини, дитини; длятого-ж то і кінчить ся кожда така коляда почесним приспівом, котрий зве ся: Поколядь. Містимо кілька желань на взір а провідник буде вже сам знав скласти собі поколядь після потреби.

Як прийдуть колядники під хату, то провідник питаєть ся, чи дома люди, та чи приймуть коляду?

Пане господару!

Чи скажете заколядувати,

Діти побудити,

Дім розвеселити,

Аби веселий був?

Желаня по коляді.

Україньским днесь звичаєм,
Отче, Вас витаєм;
Щастя долї і здоровля
В Бога умоляєм.

Щоби Вам все добре жилось,
Щастє усміхалось;
Щоб недоля, журба, смуток
Здалека минались.

Щоб здорові проживали,
І нас просьвіщали,
Словом Божим, і про :(Сїч, Ріднй Край, Читальню)
Всегда памятали.

І в парохії все у згодї,
В мирі-супокою;

Того нинї Вам желаєм
З тою колядою.

2.

Ми нинї охочо від серця взиваєм,
Тою колядою Ваш дім просьвіщаєм.
Преподобність Вашу ми радї збільшити,
Але ми не можем, мусим се лишити.
Не нам стан мінити; чого Вам потреба
Всьо то Бог зсилає, з високого неба.
Дав-би Господь в тій малій Дитинї,
В щастю, здоровлю вся Ваша родина,
Щоб охочо славила Предвічного Сина.

3.

Радуйте ся, любі Отче!
З такої новини
Бо й все небо веселить ся
Нинїшної днини.

І ми Отче, днесь прибули
До Вашої хати,
Нарожденному Ісусу
Пісню заспівати.

Тож ми пісню вже скінчили
Нашую співати,
А теперки ми Вам хочем
Добра пожелати:

Ми желаєм, для Вас, Отче,
Добра в Вашій хаті,
Щоб Ви чули ся щасливі,
Як в Божій палаті.

Щоб Ви з нами, ще тут довго
Могли проживати,

Тай на далї славу Божу
Щиро розширяти.

А Ісус-Дитятко,
Що всї дїла знає,
Так і Ваші, любі Отче,
Все Він памятає.

Тож і нинї незабудьте
Коляду Му дати,
Щоб ми могли чим Го в яслах
Щиро привитати.

Бо там Йосиф із Марійов
На нас вже чекають,
Та блаженнї сьвятї руки
До нас витягають.

Щоб ми трохи щось принесли
Огріти Дитину,
Що зродила нам Пречиста
В нинїшную днину.

Тож ми скоро вже спішім ся,
Бо нам час минає,
А Отця ми привитаймо:
Христос ся раждає!

— 4. —
Невимовна радість
На сьвітї сіяє,
Спасителя міра
Дїва нам раждає.

Ходїм, привитаймо,
Занесїм офіру;

Возмім чисте серце
І правдиву віру.

Кладуть пред Ним дари
Царі від Востока,
Що може їх серце
І мудрість висока.

Він їм за ті дари
Надгородить в небі,
І в дочаснім сьвітї
Во всякой потребі.

Ласкою своєю і нас
Буде спомагати,
Бисьмо Єго волю
Могли ісполняти.

Нехай нам дочасний,
Красний вік зготує,
А по смерти в небі
Корону дарує.

5.

Желаю Вам, Отче, в день Рождества Христового,
Щастя і здоровля много.
Щобисьте жили довгі а довгі дни.
Желаю Вам всього, що Вам потреба,
Щоби дав Господь з високого неба,
В здоровлю і щастю вся Ваша родина,
Славила охочо небесного Сина.
Я Вам ту радість желаю,
Малого Христа на коляду даю.
Щобисьте ті сьвята щасливо упровадили,
І других дочекали, і многая і благая
Літа проживали. —

6.

Господарю сего дому!
Ми будем желати,
Від Дитятка, що зродила
Для нас Божа Мати.

Там на сїнї, у стаєнцї
Ручки витягає,
Та всїх своїх вірних,
Він благословляє.

Отож нинї ми від Него,
Ласки для Вас просим,
З неба мира і потїху
В Вашу хату вносим.

Щоб щасливо могли жити,
Ще на многі лїти,

З діточками, з родиною,
Як у маю цьвіти.

Бо где мир у хатї,
Там щастє зростає,
І ми радість Вам звіщаєм:
Христос ся раждає!

7.

З Божого раю звізда засьвітила,
Пречиста Діва Христа породила.
Як породила, сьвіт розвеселила,
Лише Ірода дуже засмутила.
Смутив ся Ірод, що царем не буде,
Що тоє Дитя на весь сьвіт Цар буде.
Казав злим катам повсюди шукати,
Дволїтнї діти на смерть убивати.
По сьвітї ходять дітей убивають,

Та кров невинну на землю зливають
Ангел небесний Йосифови каже:
Бери Дитятко, Матїр Його также!
Йосиф старенький Ангела слухає,
Бере Дитятко в Єгипет утїкає.
Тїкали вони тай слїди зробили,
А тії слїди виноград зродили.
А злі катове по тій керві бродять
І Боже Дитятко нїгде не знаходять.
Христа не вбили. Бог не позваляє!
А Дїва Христу, красну пісню співає:
Люляй сину мій Ірод загибає,
За плач матерний Господь Бог карає.
Поганий Ірод загинув доволї,
А Дїва з Христом на яснім престолї.
Ірод загинув, Жиди скаменїли,
А Дїва з Христом, як рожі лелїють.
Лелїють они, й будуть лелїти,

Чей Господь зволить, що будем їх зріти.
Чей Христа ввидим, на тім яснім небі.
Слезно молїм Го о каждій потребі.
Вінчуємо Вас тим Христом прекрасним,
Він нас вдарує в небі вінцем ясним.
До Христа Бога щиро помолїм ся,
І з тов колядов низько поклонїм ся,
Щоби нам зволив ту щасливо жити,
А по смерти з Ним вічно ся веселити.

ПОКОЛЯД.

«А за сим словом віншуємо вас, чесний, славний та величний наш......(господарю, або отче духовний, або як до кого) усїм гараздом, що собі у Господа Бога желаєте та думкою думаєте! Поможи вам, Боже, сї сьвята мирно опровадити, і других у радости і веселости щасливо діждати. А нам колядникам ласкаві будьте за зле не мати, що у ваш чесний

НИНЇ СЯ З-ЯВИЛА.

Нинї ся з явила весела новина,
В Вифлеємі чиста Панна
    Породила Сина.

В яслах положила, в пелени повила,
Сїно красне як лелїя
    Єму постелила.

Сїно постелила, сїном Єго вкрила,
Не в палатах, но в вертепі
    З бидляти повила.

От красноє сїно, як рожеві квіти,
Иже на нїм Цар предвічний
   Возлежить повитий.

А вол із ослятком Пана познавають,
І падають на коліна,
   Паров загрівають.

Пастиріє в поли от тия страни
Со своїми бидляти,
   У кошарах спали.

В самой полуночи, ясність осьвітила
Всю кошару наоколо.
   Спячих побудила.

Тогда пастиріє з страху повставали.
Верх кошари глядаючи,
   Ангели співали:

Вам благовіствуєм радость веселую,
Що найдете в Вифлеємі
   Владику-Месію.

В той час пастушки спішно ся зібрали,
Біжать скоро до Вифлеєм
   Приносять Му дари.

Симеон ягнятко, Григорий барана,
Матвій вівцю, Іван козу,
   Приносять для Пана.

А бідний Михайло немав що дати,
Казали му пастиріє
    на піщавку грати.

А Стефан на скрипку, Василь на цимбали,
Павло в трубку, Петро в дутку,
    А Панько в фуяру.

Федор і Микола не моглись стримати,
І з утіхи і з охоти, пішли
    Танцювати.

Олекса каліка, кривий на обі ноги,
Постоявши на костурі,
    Танцює доволі.

Витай нарожденний, в яслах положенний.
Ти бо єси Цар Предвічний
    На небі і земли.

І ми Тобі поклін со пастирми даймо,
З чистим серцем і з покоров
  Во вік вихваляймо.

В Вифлеємі во Юдеї.

1. В Вифлеємі во Юдеї,
    Гей нам, нам;
 Народив ся воплотив ся
    Господь сам.
2.   На сіночку в жолобочку
    Гей нам, нам;
  Дитя гоже — милий Боже —
    Господь сам.
3.   Сіно тоє дорогоє
    Гей нам, нам;

На нїм лежи(ть) без одежи
Господь сам.
4. Одежини для дитини
Принесїм
До тої шопки, та під шопку
Постелїм!
5. Фарисеї, Садукеї
Чи спите?
У порога дитя Бога
Чи зрите?
6. О Іроде, грішний Жиде
Ти пропав;
Ти вже менший, нам Цар иніпий
Днесь настав.
7. Ідуть царі, несуть дари
Із восток;
Нарожденний, воплощенний
Бог — Отрок.

8. Отрок малий, Цар удалий
   Над царей;
   Зведь до шопки своєй, стопки
   Звіздарей.
9. Свою долю, в чистім полю
   Пастир взрів;
   Всему сьвіту, Чудо сьвіта
   Розповів.
10. Гей не знати, пане брате,
    В добрий час?
    Сьвітлі лики, Ангелики
    Будять нас.
11. Встань Іване, встань Стефане
    Не дрімай!
    Богу Творцю, смерти борцю
    Честь отдай!
12. О Маріє, о Леліє,
    Звіздочко!

Нове літо, честь Тобі
За Очко.
13. Очко Боже, дитя гоже,
Гей нам, нам;
Благодати ізволь дати
Боже сам!
14. Дитя чисте, — милий Христе —
Гей нам, нам;
То сам Творець, смерти Борець
Господи сам.
15. Встань Іване, встань Стефане,
Не дрімай!
Богу Творцю, смерти Борцю
Честь отдай!
16. Озьми пляцка, клич на Яцка
Най спішить!
Най Дитятко — соколятко
Не квилить!

17. І ти Федьку, бери редьку,
       Яблок кіш;
   Нуж в дорогу! Неси Богу,
       Сам не зїдж!
18. Ти Андрушку, неси гуску,
       Гриць качку;
   Маленькому, слабенькому
       Робачку.
19. Ти Пилипе, встань з під липи,
       Гей чуй-же!
   Розпости ся, розгости ся,
       Ликуй-же!
20. А ти Юрку, бери курку,
       Яєчко;
   Най тїшить ся, веселить ся
       Сердечко.
21. А ти Костик, возь за хвостик
       Петрушки!

Тре Дитяти — соколяти
До юшки.
22. Ти Михалку, бери палку
В дорогу!
Супостати могуть стати
Ко Богу.
23. Як-би які посїпаки
Явились,
Ми-б за того Маленького
Всї бились.
24. І Василій, з всьої сили
Скоро біг;
Як хорував, а не жалував
Хромих ніг.
25. І Гаврила полишила
Слїпота;
Гонить кози поза лози
З за плота.

26. Треба Гриню, повну скриню
        Надпочати!
   Суть оріхи, для потїхи
        Дитяти.
27. Я-ж барана, перед пана
        Поведу;
   Щоби стати при Дитяти
        З переду.
28. Ти Димитрій, не будь хитрий,
        Сему вір!
   Ходи з нами, пастирями,
        Правду звір!
29. Николайку забирай-ко
        Три грудки;
   Для Мариї, для Лелії
        До будки.
30. Возь Прокопе, зо два снопи
        Для вола!

А Охримок оберемок
  Для осла.
31. І бидлятка небожатка
  Погостїм!
 З всеї сили послужили
  Они всїм.
32. Як уміли Бога гріли
  В яселках;
 На сїночку, в жолобочку
  В пеленках.
33. А що старець за олтарець
  Достане;
 Беріть скрипки нові злипки
  Краяне!
34. І цимбалки перепалки
  Озвуть ся;
 А з склянннички колядннички
  Напють ся.

35. Як напєм ся, так озвем ся:
　　　　Гей нам, нам!
　　Народив ся, воплотив ся
　　　　Господь сам.

ВО ВИФЛЕЄМІ,

Во Вифлеємі радость премнога:
Зродила Діва без гріха Бога!
Зродила Сина, спасеніє істе,
Дала Му тіло невинне чисте!

Йосиф Єї обручник вірний
Вистелив в шопі жлобець покірний,
Вистелив сїном для Марії й Сина!
Ой стала-стала дивна новина!

На небі зорі всї засіяли
Своєго Пана привітували!
А що найперша, що найкраснїйша,
Осіяла шопку, найдостойнїйша!

Ой ворушать ся всї пастирїє,
Не розуміють, що ся то дїє —
Шопа палить ся, луна широка,
Спішать спасати масла й молока.

Спішать з лицями, спішать з сумними,
А віл і осел летять за ними —
І вівцї смирні знать чули Бога —
Всьо засапане, всюда тревога...

»Йдїть поклонїть ся свому Дитяти,
Що в вашій шопі буде лежати!

Йдїть поклонїть ся Творцеви сьвіта,
Він вам зготує щасливі лїта.

»Сьвят-сьвят-сьвят Господь Саваофтовий
На небесах всїх і на земли новій«.
Дрожать воздухи, дрожать филюють,
Хором ангели радість вістують...

Ой чули-чули всї нічлїжани,
Що сьвіт веселий тепер настане,
Ідуть до шопи люди і твари
Поклон отдати, принести дари...

Дитятко Боже, мале невинне,
Наша надїє, ладо родинне!
Рости нам здравий, благій і велий,
Даруй нам щастя і мір веселий.

ЛИКУЮЧИ,

Ликуючи питали ся раз:
»Де родив ся Спаситель для нас?«
Хоть питали Ірода злого,
Не дізнали ся про дорогу
Три наші князі!

»Не в палаті, і не на перині,
А у шопі в яслах на сїнї
Ваш Спаситель, там Го шукайте,
Як знайдете, поклон отдайте
Єму в бідноті....«

Мельодійно поють ангели,
У Вифлеєм князїв трох вели...
Звізда ясна ясно сьвітила,

По дорозї вірно служила
Тром Руси князям.

Прійшли смирні, поклонили ся,
На Дитятко подивили ся,
Один зложив срібло і злато,
Другій ливан й кадило сьвято,
А третій миро.

Помолились, порозмавляли,
Йосифа дружно пращали
Й цїлували руцї Марії,
Небес прегарної лелії
Й вертали домів...

Князї добрі, со миром ідїть!
Іродови про нас не кажіть!
Бо сей Ірод думає лихо,

Хоче убити Дитя по тихо,
Тай перед часом!...

Иньшим путем князї вертали,
Ірода зла ой не видали!
Ірод лютий і юродивий
Хоче мстити закон правдивий,
Господний закон!

Нам не страшна ні пімста, ні кров,
Як між нами Істина, Любов!
Як Бог з нами жіє й страдає,
З нами родить ся й умирає,
З нами й воскресне!

Самотою,

Самотою-самотою — Гей - гей - гей!
За вечерою сьвятою — Гей - гей - гей!
    І забулось колядочок,
    Занїмів ся голосочок
    Самотою — гей!

А в сусїда, а в сусїда — Гей - гей - гей!
І співанки і бесїда — Гей - гей - гей!
    І мій ангел у покорі
    На деревци сьвітять зорі
    У сусїда — гей!

Засьвітила — засьвітила — Гей - гей - гей!
Всю сьвітлицю звеселила — Гей - гей -гей!
    Небеса всї із землею,
    Панї зоря за зорею
    Засьвітила — гей!

Бог предвічний! Бог предвічний — Гей - гей - гей!
Утїшитель новорічний — Гей - гей - гей!
    Народив ся із любови
    Для туземської обнови
    Бог предвічний — гей!

Слава Богу! Слава Богу — Гей - гей - гей!
Узрим — узрим радість многу! — Гей - гей - гей!
    Десь мій ангел у покорі
    На деревци сьвітять зорі
    Слава Богу — Гей!

НА ЦЇЛІМ СЬВІТІ.

На цїлім сьвітї стала ся новина,
Пречиста Дїва породила Сина,
    Як породила, в пелени повила,
    Зелене сїнце в яслах постелила.

А сїнце красше як ружові квіти,
А на нїм лежить сам Ісус повитий.
    Як ся жидове о тім довідали
    В пень отрочата дволїтнї стинали.

А Матка Божа, як ся довідала
З Ісусом Христом в Єгипет тїкала.
    Тїкала она через чисте поле,
    А там господар на пшеницю оре.

Помагай-біг ґаздо, то поле зорати,
Нинї засїєш, завтра будеш жати!
    Як ся жидове о тім довідали,
    За Матков Божов у погоню гнали.

Ой гнали, гнали, траву виривали,
А на тім поли пшениченьку жали.

Помайбіг ґаздо ту пшеницю жати.
Чи не йшла туда гей, Божая Мати?

Ой ішла, ішла, буйний вітер віяв,
А я у той день пшениченьку сіяв.
Стали жидове тай ся ізуміли.
Божая сила усїх їх затьмила.

Новий рік настає,

Новий рік настає,
Охоти додає.
   В Вифлеємі з рана
   Родить Христа Панна.

Не в царскій палатї
Но между бидляти.
   Ангел о півночи
   Сьвітло з неба точить,

Хвалу ознаїмуєть
Вертеп показуєть.
   Звізда над вертепом
   Стоїть со трепетом,

Где Дїва з Дитятком
Із волом і ослятком,
   На руках тримає
   Так Єму співає:

Люляйже малое
Дитя предрагое.
    Знають также всії
    Бидлята нїмії,

Пред Ним на колїна
Паде вся нїмина.
    Три персидскі цари
    Приходять со дари.

Смиренно отдають
Ісуса витають.
    А Йосиф ся тїшить,
    Що Ірод не спішить.

І ми тож підемо
Як доста випемо.

    Пане господарю,
    Домовий шафарю,

Будьте нам весолї
Накривайте столи!
    Ми будем співати
    І колядувати.

Видайте з полицї
Із медом пшиницї!
    На памятку того
    Христа рожденного.

А потому дайте
І нас привитайте,
    Горівкою з медом
    І пива із хмельом.

Ще не бороніте
Нам і закусити,
  Хліба біленького
  Масла молодого;

Мяса штуку тлусту
З печеньов капусту.
  Де нема капусти
  Коби когут тлустий.

Ще з сиром пироги,
Бо нам зимно в ноги.
  Челядонька мила
  Пугарі помила.

Меду наливайте
І нас привитайте.

Ми будемо пити
Ісуса славити.

За здоровлє Ваше!
Поки підем дальше.
  З доброї утіхи
  Дайте нам оріхи,

Коляда ще мала
Дайте нам таляра.
  Дасть Вам Бог за тоє,
  Літо щасливоє.

В стайни і в коморі
В хаті і оборі.
  Дайже Христе Царю,
  Небесний Владарю,

До сто літ діждати,
І колядувати;
  А в часї смерти
  Без гріха умерти.

ЩЕДРІВКИ.

Щедрий Вечір.

Щедрий вечер всїм вам! щаслива година!
Породила Дїва предвічного Сина!
  Ладо, Ладо, Ладо!
  Все на сьвітї радо!
  Щедрий вечер на земли!

Не в пишних палатах Бога породила,
А в біднім вертепі Господа, повила:
  Ладо, Ладо, Ладо! і проч.

Не білі перини Господу стелила,
На вязочці сіна Вічного, зложила.
    Ладо, Ладо, Ладо! і прч.

Не межи царями Господь наш явив ся,
А між овчарями в яслах положив ся;
    Ладо, Ладо, Ладо! і прч.

А блаженні духи в воздухах співають,
Пастирів убогих в стайню призивають:
    Ладо, Ладо, Ладо! і прч.

Пастирі убогі до стайні приходять,
На вязочці сіна Господа знаходять:
    Ладо, Ладо, Ладо! і прч.

А в сьвітлім востоці зоря засьвітила,
Трех премудрих царей дуже звеселила:
    Ладо, Ладо, Ладо! і прч.

Злато, ливан, миро премудрії взяли,
По Єрусалимі за Христом питали:
    Ладо, Ладо, Ладо! і прч.

Найшли Христа Бога, не в Єрусалимі,
А в убогій стайни, в місті Вифлеємі.
    Ладо, Ладо, Ладо! і прч.

Убогим вертепом царі не гордили,
Христови всї дари з поклоном зложили.
    Ладо, Ладо, Ладо! і прч.

І ми Христа Бога всї радо витаймо
Разом со пастирми весело співаймо.
    Ладо, Ладо, Ладо! і прч.

ТАМ НА ЙОРДАНЇ.

Там на Йорданї
    тихенька вода стояла,
Там Чиста Панна
    Сина свого купала!

Скупавши Єго
    в білі пелинки сповила.
Сповивши Єго
    в сїно в яселка зложила!

Ой десь ся взяли
    зі сходу сонця три царі,
Непобідимі
    богохранимі звіздарі!

Прийшов цар первий:
    миром кадилом мирує,
Прийшов цар другий:
    щастєм здоровлєм вінчує!

Прийшов цар третій:
    Каже: «Дитятко возьмімо,
На руках наших
    на небеса вознесїмо.

Бувай здоровий
    Господароньку в сїм домі
На челядонцї
    на худобонцї всїй своїй!

Бувай здоровий
    в Бозї великім на небі,

Не знай нїколи
    жури, работи в потребі!

Бувай здоровий
    куда поступиш ногою,
Куда повернеш
    щирою своєю рукою.

На землї жити
    і Бога возвеличати,
А по смерти собі
    царство небесне зєднати.

СЛАВЕН.

В господаронька нова сьвітлонька.
    Славен єси,
    Наш милий Боже,
    На небеси!

Нова сьвітлонька і три віконка!
    Славен еси
      і прч.......

А в тій сьвітлонці три столи стоять,
    Славен еси....

Коло тих столів три гості сидять!
    Славен еси.....

Першій гість сидить: Сонце сьвітленько'
    Славен еси....

Другий гість сидить: Місяць темненький.
    Славен еси....

Третій гість сидить, Дощик дрібненький,
    Славен еси....

Перший гість каже: Нема над мене!
    Славен єси...

Нема над мене в цілій вселенній.
    Славен єси...

Бо як я зійду в сьвяту неділю,
    Славен єси....

Всї живі будуть на богомілю!
    Славен єси...

То я осьвічу церкви й костьола!
    Славен єси...

Церкви костьола і всї престола!
    Славен єси...

Другий гість каже: Нема над мене
    Славен єси...

Нема над мене в цілій вселенній!
    Славен єси:...

Бо як зійду в ночи півночи,
    Славен єси....

В ночи півночи, знаня пророче
    Славен єси....

Воздрадують ся гори долини
    Славен єси...

Гори долини і верховини!
    Славен єси...

Третій гість каже: Нема над мене!
    Славен єси...

Нема над мене в цілій вселенній!
    Славен єси...

Бо як я зійду три разів в маю,
    Славен єси....

Три разів в маю землю скупаю,
    Славен єси....

Землю скупаю в любовних водах,
    Славен єси...

В любовних водах моїх догодах!
    Славен єси....

Возрадують ся жита пшениці,
  Славен єси...

Жита, пшениці і всї яриці...
  Славен єси.
  Наш милий Боже,
    На небеси.

ТАМ НА ГОРІ.

Там на горі там дзвін дзвонить,
Там десь ясен місяць сходить —
  Щедрий вечір, сьвятий вечір!

Там десь ясен місяць сіяє,
Парубоньків зустрічає!
  Щ. в. с. в.

Парубоньки не лінують,
Божу церковцю мурують!
    Щ. в. с. в...

Божа Церков впростає,
Срібла злота не достає!
    Щ. в. с. в...

Срібла злота дав батенько
На дім Божий на церквеньку!
    Щ. в. с. в...

Там на горі там дзвін дзвонить,
Там десь ясен місяць сходить.
    Щ. в. с. в...

Там десь ясен місяць сіяє,
Парубоньків зустрічає —
    Щ. в. с. в...

Парубоньки не лінують
Божу церковцю мурують!
     Щ. в. с. в.

Божа Церков виростає
Срібла — злота не достає.
     Щ. в. с. в...

Срібла злота дала ненька
На дім Божий, на церквеньку.
     Щ. в. с. в.

Там на горі, там дзвін дзвонить,
Там десь ясень місяць сходить.
     Щ. в. с. в.

Там десь ясень місяць сіяє,
Парубоньків зустрічає.
  Щ. в. с. в.

Парубоньки не лїнують,
 Божу церковцю мурують
  Щ. в. с. в...

Божа церков виростає,
Срібла злота не достає
  Щ. в. с. в...

Срібла злота дав братенько,
На дім Божий на церквеньку.
  Щ. в. с. в...

Там на горі там дзвін дзвонить,
Там десь ясен місяць сходить,
    Щ. в. с. в...

Там десь ясен місяць сіяє,
Парубоньків зустрічає.
    Щ. в. с. в....

Парубоньки не лінують,
Божу церковцю мурують,
    Щ. в. с.в....

Срібла-злота дасть сестронька
На дім Божий, на церквоньку,
    Щ. в. с. в...

Там на горі, там дзвін дзвонить,
Там десь ясен місяць сходить,
    Щ. в. с. в...

Там десь ясен місяць сіяє,
Парубоньків зустрічає.
    Щ. в. с. в....

Парубоньки не лінують,
Божу церковю мурують,
    Щ. в. с. в...

Божа Церков виростає,
Срібла-злота не достає.
    Щ. в. с. в...

Срібла злота деж го взяти?
Вийди — вийди мила з хати!
Щ. в. с. в...

Вийшла з хати вірна мила,
Срібла злота настарчила, —
Щедрий вечір, сьвятий вечір!

ТАМ ЗА ГОРОЮ

Там за горою, за високою
Там дзвін дзвонить голосненько.

Там си Івасьо церковцю ставить,
А дзвін дзвонить голосненько.

Ой ставить не доставляє бо му срібла не вистрачає.
А дзвін дзвонить голосненько.

Пише листоньки до мамуненьки
А дзвін дзвонить голосненько.

Пришліть мамуню, срібла злота на дім Божий.
А дзвін дзвонить голосненько

А мамуня відписуэ, срібла злота не дає
А дзвін дзвонить голосненько.

Пише листонько аж до милої
А дзвін дзвонить голосненько.

А миленька відписала срібла злота не дістала
А дзвін дзвонить голосненько.

Бувайже здоров пане Івасю,
Зі свойов паннов миленьков.

Дай—же ті Боже в городі зїля,
В городі зїля, в часї весїля.

Ой, у садочку.

Ой, у садочку виноградочку, вінная, винная яблонь червоні
    яськи зродила.
Пильновала її ґречная панна. Винная, винная яблонь червоні
    яськи зродила.
Тай пильнуючи, шитенько шила. В. В. Я. Ч. Я. З.
Ой прийшов ід ній, батенько єї. В. В. Я. Ч. Я. З.
Дївчино душко, зверж ми яблушко. В. В. Я. Ч. Я. З.
Я вам не звержу, милому держу. В. В. Я. Ч. Я. З.

Ой у садочку, виноградочку. В. В. Я. Ч. Я.
Пильновала її, ґречная панна.
Тай пильнуючи, шитенько шила.
Ой прийшов ід ній, братенько єї.
Сестричко душко, зверж ми яблушко.
Я ти не звержу, милому держу.

Ой у садочку, виноградочку. В. В. Я. Ч. Я.
Пильновала її, ґречная панна.
Тай пильнуючи шитенько шила.
Ой прийшов ід ній, миленький єї.

Касуню душко, зверж ми яблушко.
Я тобі звержу, всї тобі держу.

А за сим словом будь нам здорова.
Будь нам здорова, ґречна паненко Касуню.
Вінчуємо тя з вітцем і з матков,
З відтцем і з матков і всев челядков.
Дайже ти Боже, в городі зїллє.
В городі зїллє, в дому весїлє.

Вінчуємо тя щастєм, здоровєм.
Щастєм, здоровєм, зеленим вінцьом,
Зеленим вінцьом, красним молодцьом.
Виступи з ряду, дай нам коляду.
Прикладай стїжки, лїзь по горішки,
Як єсь нам щира, внеси нам сира.

А ТИ ПТАШЕНЬКУ.

А ти пташеньку, ти соколоньку,
Сьвятий вечір Божий вечір.

Високо літаєш низенько сїдаєш,
Сьв. в. Б. в...

В чистенькім поли сьвітлонька стоїть,
Сьв. в. Б. в....

А в тій сьвітлонцї господаренько.
Сьв. в. Б. в...

Господарейко встає раненько,
Сьв. в. Б. в....
Сьв. в. Б. в...

Встає раненько миє личенько,
Сьв. в. Б. в.

Личенько вмиває ручничком втирає,
Сьв. . Б. в....

Ставить столоньки во три рядоньки,
Сьв. в. Б. в.

Стелить обруси самі льнянії,
Сьв. в. Б. в...

Ставить кубоньки во три рядоньки,
Сьв. в. Б. в...

В однім кубоньку мир-кадило,
Сьв. в. Б. в...

В другім кубоньку зелене вино
Сьв. в. Б. в.

В третім кубоньку солодкий мидець,
Сьв. в. Б. в...

Кладе хлїбонько житний пшеничний,
Сьв. в. Б. в...

Житний пшеничний Богу величний,
Сьв. в. Б. в...

Бо ся сподїє гостя любого,
Сьв. в. Б. в...

Гостя любого, Бога самого,
Сьв. в. Б. в...

Бувайже здоров господароньку,
Сьв. в. Б. в...

Не сам з собою, а з челядою,
Сьв. в. Б. в...

А ТАМ ПІД ЛЬВОВОМ.

А там під Львовом на болоненьку,
Сьвіти, сьвіти місяченьку.

Там Івасенько коня напуває,
Сьвіти, сьвіти місяченьку.

Коня напуває і думку думає,
Сьвіти, сьвіти місяченьку.

Пред нім матінька ручницю, тримає,
Сьвіти, сьвіти місяченьку.

Тримай матінько ручницю тримай,
Сьвіти, сьвіти місяченьку.

Поїду в чужу сторононьку привезу ти хустоньку
Сьвіти, сьвіти місяченьку.

Там на болоненьку, під Львовом
Сьвіти, сьвіти місяченьку.

Там Івасенько коня сідлає
Сьвіти, сьвіти місяченьку.

Коника сідлає на нього сідає,
Сьвіти, сьвіти місяченьку.

Пред ним братенько шабельку тримає,
Сьвіти, сьвіти місяченьку.

Тримай братеньку, тримай шабельку,
Сьвіти, сьвіти місяченьку.

Як поїду на війну, привезу тобі славу сьвітову.
Сьвіти, сьвіти місяченьку.

А там під Львовом на болоненьку,
Сьвіти, сьвіти місяченьку.

Там Івасенько на вернім коню'
Сьвіти, сьвіти місяченьку.

З ріднею пращаєсь, слозами вмиваєсь.
Сьвіти, сьвіти місячаньку.

Над ним гайворон високо лїтає,
Сьвіти, сьвіти місяченьку.

Високо лїтає, злу вістку звіщає,
Сьвіти, сьвіти місяченьку.

Вістку звіщає, що Івасенько не верне нїколи,
Сьвіти, сьвіти місяченьку.

Бувай здорова красна (Касуню) і зі своїм паном миленьким; дай же тї Боже в городї зїля, в городї зїля, в часї весїля.

Коник ся зірвав, в лісонько пігнав,
Сьвітила; сьвітила зоря до місяченька з в(

Пішов Михасьо аж до татуня,
Сьв. сьв. з. д. м. з. в...

Татуню ходіть, коника найдіть
Сьв. Сьв. з. д. м. з. в...

Татуньо пішли, коника не найшли,
Сьв.; сьв. з. д. м. з. в...

Пішов Михасьо, аж до милої
Сьв.; сьв. з. д. м. з. в....

Миленька піди, коника найди,
Сьв.; сьв. з. д. м. з. в...

Миленька іде, коника веде,
Сьв.; сьв. з. д. м. з. в...

Бувайте здорові красний Михасю зі свойов паннов миленков, дайже ті Боже: в городі зіля, в городі зіля, в часі весїля.

Як вже щедриницї скінчили і дістануть щедрак тоді так дякують; Яра пшеничка яра вилегла як лава, жито як стіна, гречка як головня, дай вам Боже всїм здоровля! Дякуємо за щедрак!

ЗМІСТ.

	Стор.
Слово до колядників	3
Сьвятий вечір у вдовиці	7
Бог предвічний	10
Возвеселімся всі купно нині	11
Дар нині пребогатий	15
Дивная новина	17
Ликуючи возиграймо днесь	19
Небо і земля нині ликовствуєть	20
Небо і земля нині торжествують	25

	Стор.
На небі зірка ясна засіяла	27
Новая радость сьвіту ся з-явила	28
Нова радість стала	30
Нині Адаме	31
Бог натуру	34
Ангел пастирям мовив	37
Согласно співайте	39
В яслах лежить	42
Бог ся раждає	44
Предвічний родив ся	46
Радость ся нам з-являє	49
Спи Ісусе спи	51
Радуйте ся всі людіє	53
Христос роди ся	55
Херувими сьват	59
Веді, Бог, виді Сотворитель	64

	Стор.
Вселенная весели ся	67
Веселая сьвіту новина	69
Весела сьвіту новина нині	73
Во Вифлеємі нині новина	74
Син Божій от Отця	76
Ходить Господь по раю	80
На рождество Христа	83
Христос нам днесь народив ся	85
Що за радість	88
Стала нам ся новина	91

II ЧАСТЬ.

Увага для колядників	94
Желаня по коляді	96
Нині ся з-явила	107

	Стор.
В Вифлеємі во Юдеї	111
Во Вифлеємі	119
Ликуючи	122
Самотою	125
На цілім сьвіті	126
Новий рік настає.	128
Щедрий Вечір	131
Там на Йордані	134
Славен	136
Там на горі	141
Там за горою	147
Ой у садочку	149
А ти пташеньку	152
А там під Львовом	155
Пігнав Михасьо	159

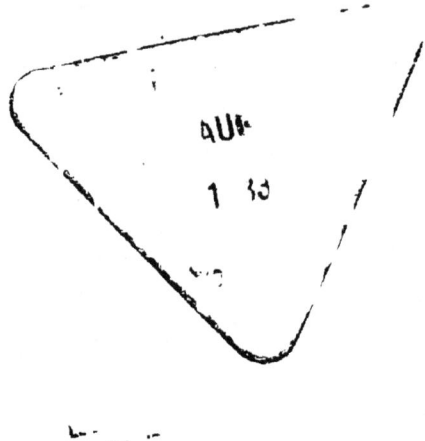

315

CARD

Printed in the USA
CPSIA information can be obtained
at www.ICGtesting.com
CBHW060935231124
17912CB00011B/234